Schlau für die Schule

Mein Kreativ-Lernspaß Zahlen und Formen

Mit Texten von Christine Mildner
Mit Bildern von Theresia Koppers

CARLSEN

VIELE BUNTE ZAHLEN

Male die Felder in den entsprechenden Farben an.
Was kannst du erkennen?

1 = (orange) 2 = (blau) 3 = (grün) 4 = (gelb) 5 = (lila)

Sei kreativ!
Du kannst den Bilderrahmen anmalen oder mit bunten Wollfäden bekleben. Schneide das fertige Bild aus und hänge es auf.

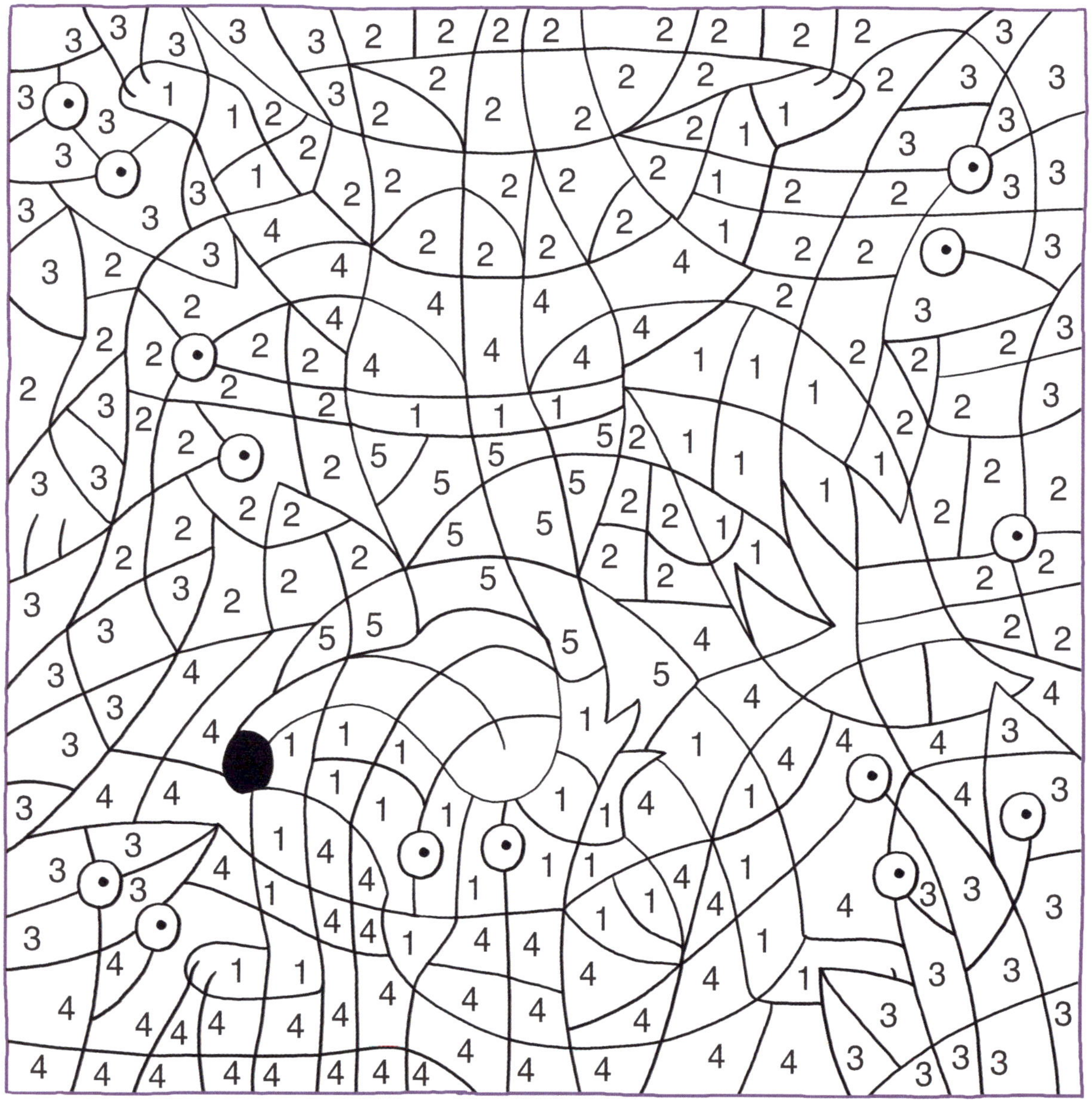

L Die Lösung findest du auf Seite 47.

KENNST DU DIE ZAHLEN VON 1 BIS 5?

Welche Bilder gehören zu den Zahlen 1 bis 5?
Zähle und verbinde immer 3 Bilder mit 5 bunten Farben!

L Die Lösung findest du auf Seite 47.

IMMER AUF 5!

In jedem Rahmen sollen es 5 Gegenstände sein.
Male so viele dazu, dass es immer 5 sind.

Sei kreativ! Zeichne in jeden Rahmen immer 5 gleiche Dinge.

L Die Lösung findest du auf Seite 47.

VERDECKTE ZAHLEN 1

Schreibe die Zahlen von 1 bis 6 auf den Kärtchen je dreimal farbig nach.
Male die Kärtchen mit den Bildern bunt an. Schneide dann alle Kärtchen aus.
Lege: Welche Zahl gehört zu welchem Bild?

S Die Spielanleitung findest du auf Seite 47.

Welche Zahlen verstecken sich hier?

Male alle ■ ■ blau, alle ● ● grün, alle ★ ★ gelb und alle ▲ ▲ rot, dann weißt du es.

L Die Lösung findest du auf Seite 47.

Welche Zahlen verstecken sich hier?

Male alle ● ● lila, alle ■ ■ orange, alle ▲ ▲ grün und alle ★ ★ blau, dann weißt du es.

L Die Lösung findest du auf Seite 47.

WÜRFELBILDER

Schneide die beiden Würfelnetze aus.
Falte sie, wie in der Anleitung gezeigt, und klebe die grauen Flächen zusammen.

1. 
2. gestrichelte Linien falten

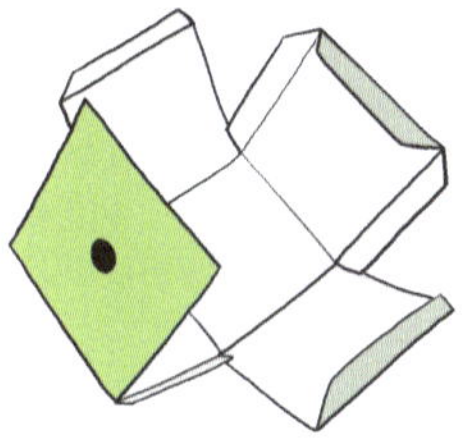

3. graue Laschen bekleben

4. zusammendrücken

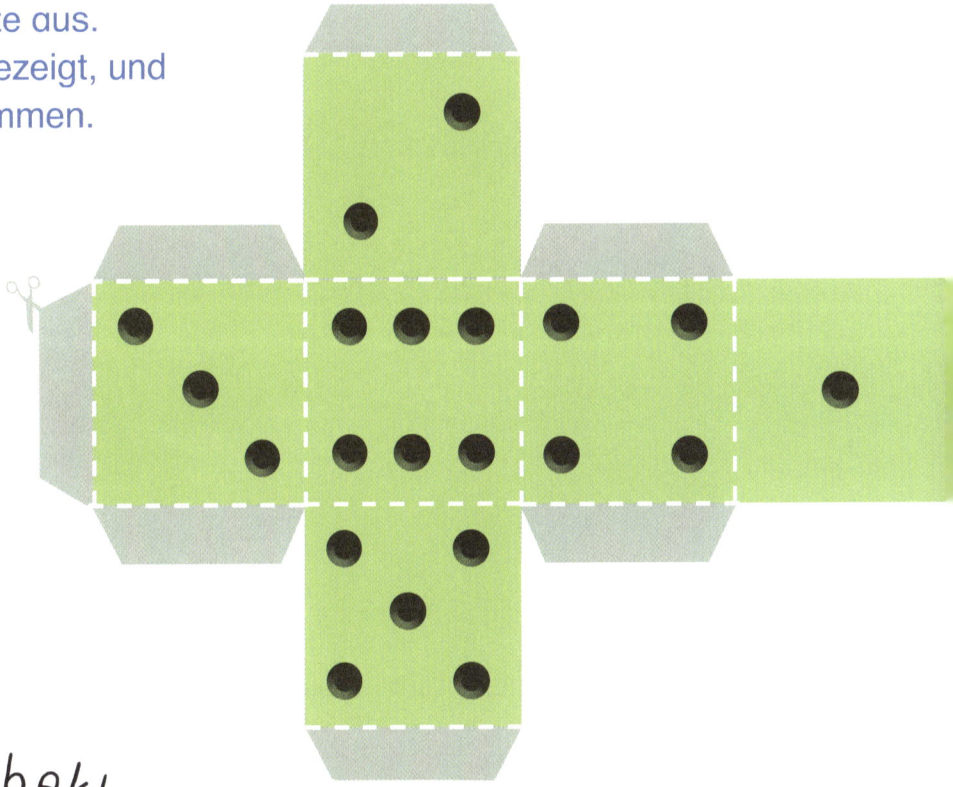

Schau dir die Würfel genau an:
Zähle die Punkte und benenne die Zahl.
Welche Zahlen stehen sich gegenüber?

KENNST DU DEN WÜRFEL?

Jedes Kind würfelt 10-mal und macht immer einen Strich in der Tabelle für die Zahl, die es gewürfelt hat.
Ihr könnt dafür die Würfel von Seite 9 nutzen.

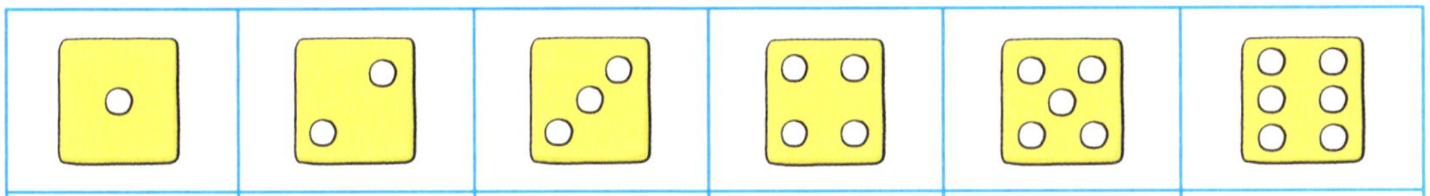

(Vorname)						

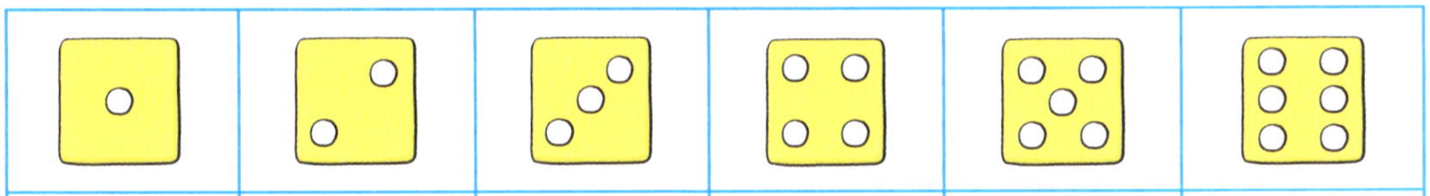

(Vorname)						

Welche Zahl ist auf der anderen Seite des Würfels? Schreibe sie auf.

___ ___ ___ ___ ___ ___

Male die Würfelbilder zu den Zahlen.

3 4 1 6 2 5

L Die Lösung findest du auf Seite 47.

WÜRFLE DICH FIT!

Würfle eine Zahl, stelle die Stoppuhr auf 30 Sekunden und mache die passende Bewegung dazu.
Ihr könnt die Übung auch zu zweit machen:
Einer würfelt, der andere macht die Bewegung.
Danach tauscht ihr die Rollen.

Du brauchst:
- Stoppuhr oder Handy
- 1 Würfel
- etwas Platz

Springe wie ein Hampelmann.

Dreh dich wie ein Kreisel, rechtsherum und linksherum.

Hüpf in die Höhe wie ein Floh.

Steh still wie ein Baum.

Stolziere wie ein Storch.

Hüpfe wie ein Frosch.

Sei kreativ!
Du kannst dir auch andere Bewegungen zu den Zahlen ausdenken.

DER SCHATZ GEHÖRT MIR!

S Die Spielanleitung findest du auf Seite 47.

ZAHLENFÜSSLER 1

Schneide die Kreise von Seite 15 und 17 aus und sortiere sie der Größe nach.
Male jeden Kreis in einer anderen Farbe an.
Klebe die Kreise aneinander und am Schluss noch
den Kopf vor den Kreis mit der Zahl 10.
Das ist dein Zahlenfüßler.

2
10
6
7
8
1

RAUS AUS DEM KREIS

Fahre den Weg der Schnecken, möglichst ohne Absetzen, von innen nach außen in 2 Farben nach, linksherum und rechtsherum.

WIRBEL UND WELLEN

Zeichne jede Linie mit einem anderen farbigen Stift nach, ganz ohne Absetzen.

Sei kreativ!

Nimm dir ein richtig großes weißes Blatt und erfinde eigene Wirbel- und Wellenbilder.

FANGBECHER FÜR „FUCHS, PASS AUF!"

Für das Spiel auf Seite 23 bastelst du einen Fangbecher für den Fuchs. Male Körper und Schwanz an und schneide sie aus. Beklebe einen großen, sauberen Joghurtbecher. Klebe den Fuchs verkehrt herum (das ist wichtig!) fest auf den Becher: vorne den Körper und hinten den Schwanz.

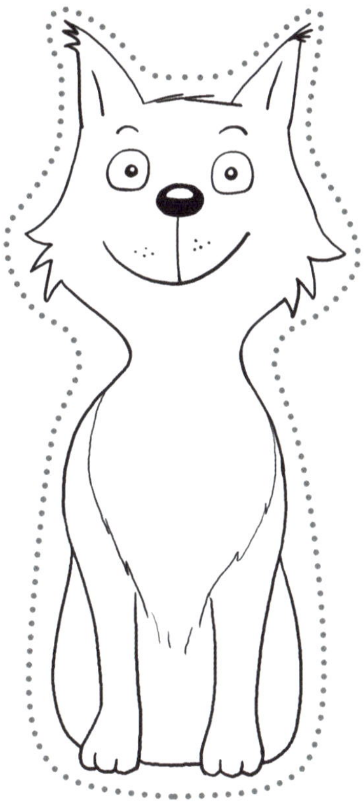

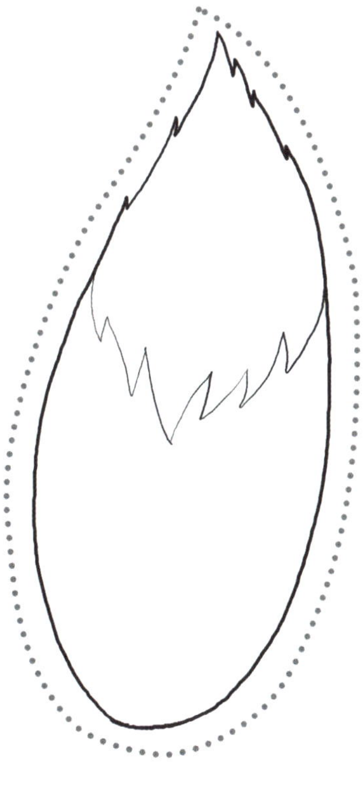

S Die Spielanleitung findest du auf Seite 48.

SPIELPLAN FÜR „FUCHS, PASS AUF!“

SPIELMARKEN FÜR „FUCHS, PASS AUF!“

Male die Hintergründe der Spielmarken an: 10 Marken sind blau, 10 rot, 10 grün und 10 gelb. Schneide die Spielmarken dann aus und lege die gleichfarbigen Marken immer zusammen auf einen Haufen.

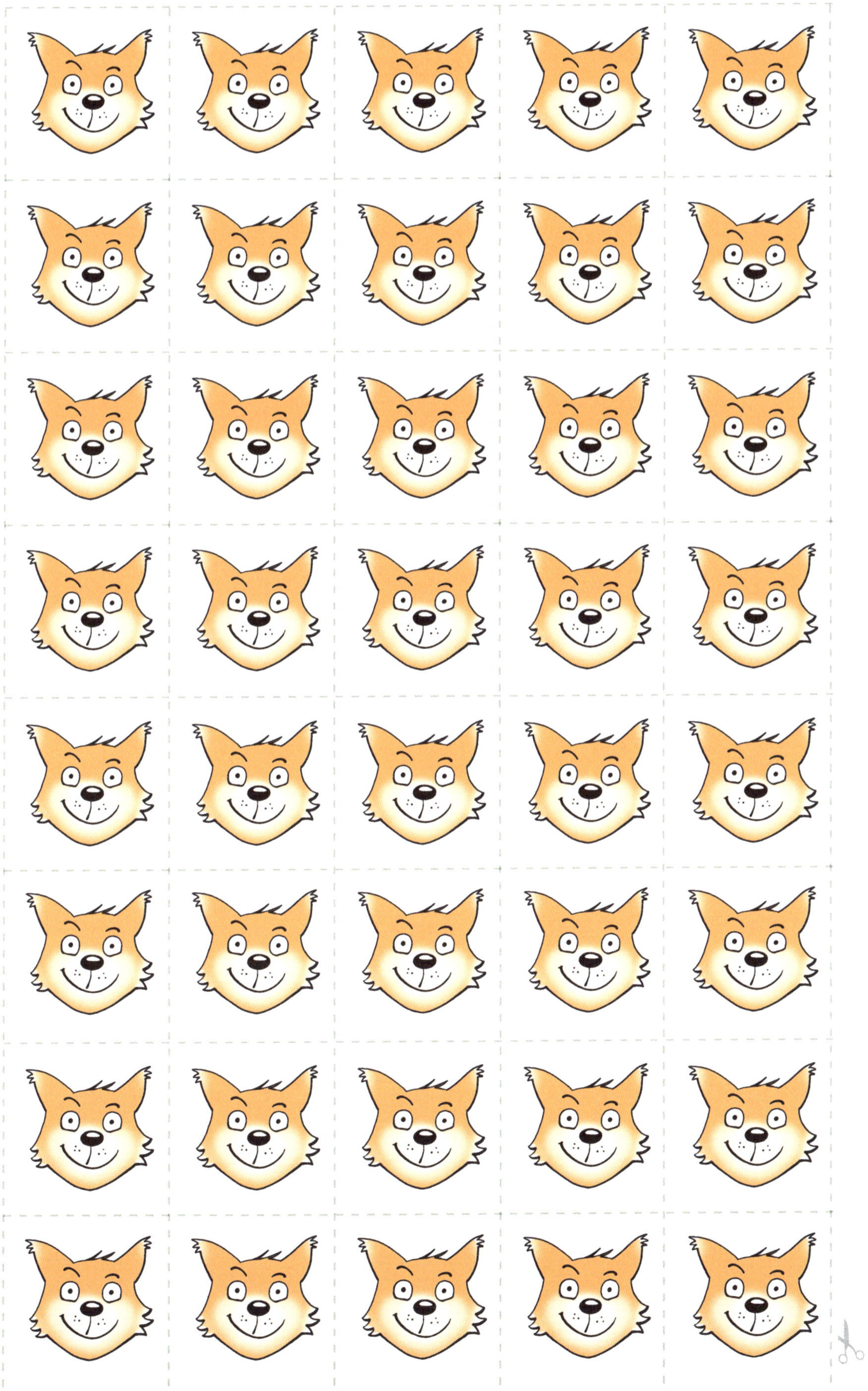

ECKIG UND RUND

Male alle Quadrate blau, alle Dreiecke rot, alle Kreise gelb und alle Rechtecke grün an. Schneide sie dann aus.

FORMENPUZZLE

Lege die Formen von Seite 27 an die richtige Stelle.
Wenn du magst, kannst du sie auch aufkleben.

Sei kreativ!

Schneide noch mehr Formen aus buntem Papier aus. Lege damit eigene Figuren.

L Die Lösung findest du auf Seite 48.

Male die Formen in diesen Farben an:

Quadrat: blau Dreieck: rot Kreis: gelb Rechteck: grün

L Die Lösung findest du auf Seite 48.

WER HAT DEN FUCHS? 1

Schneide die Spielkarten auf den Seiten 31, 33 und 35 aus.

S Die Spielanleitung findest du auf Seite 48.

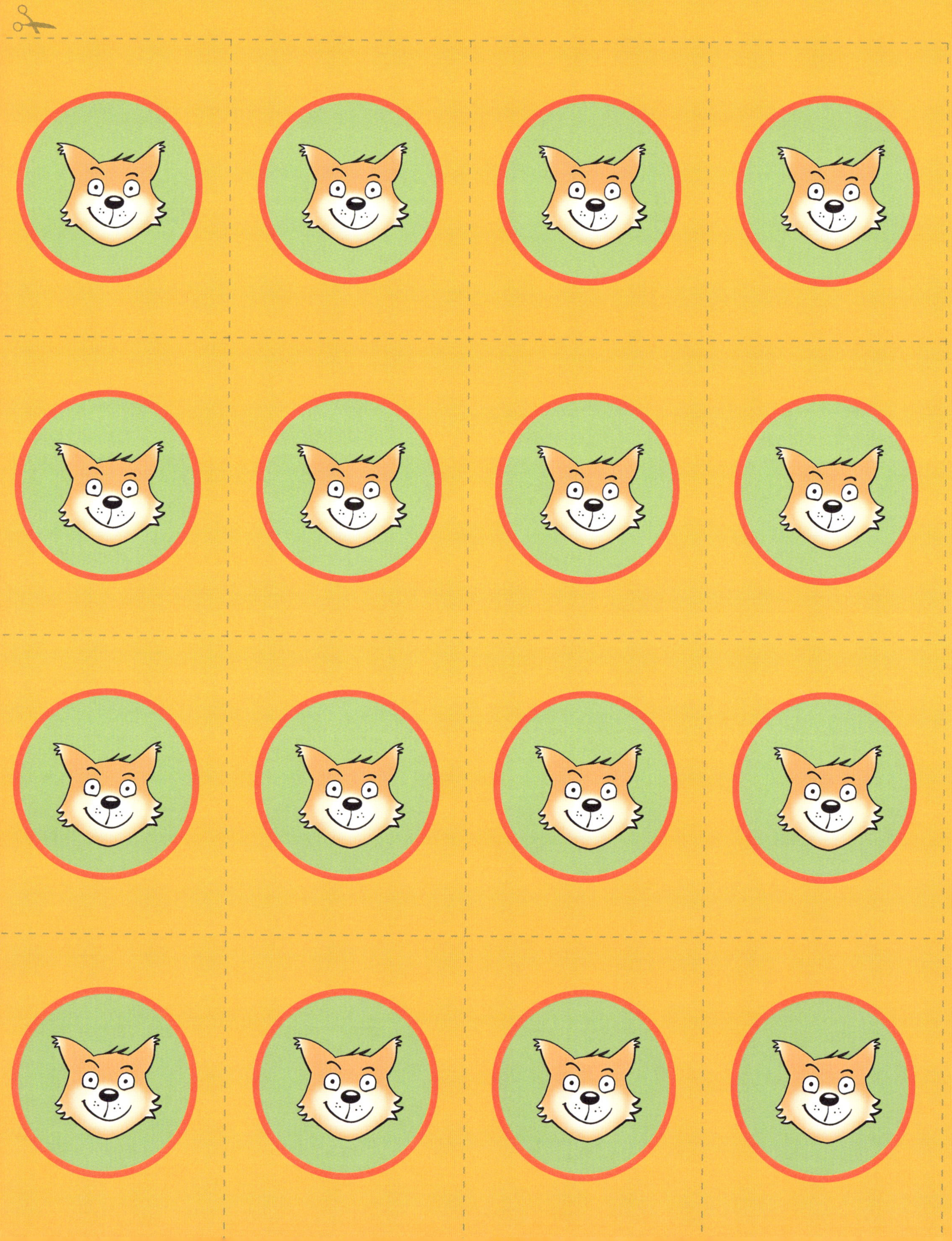

9

10

11

12

13

14

15

16

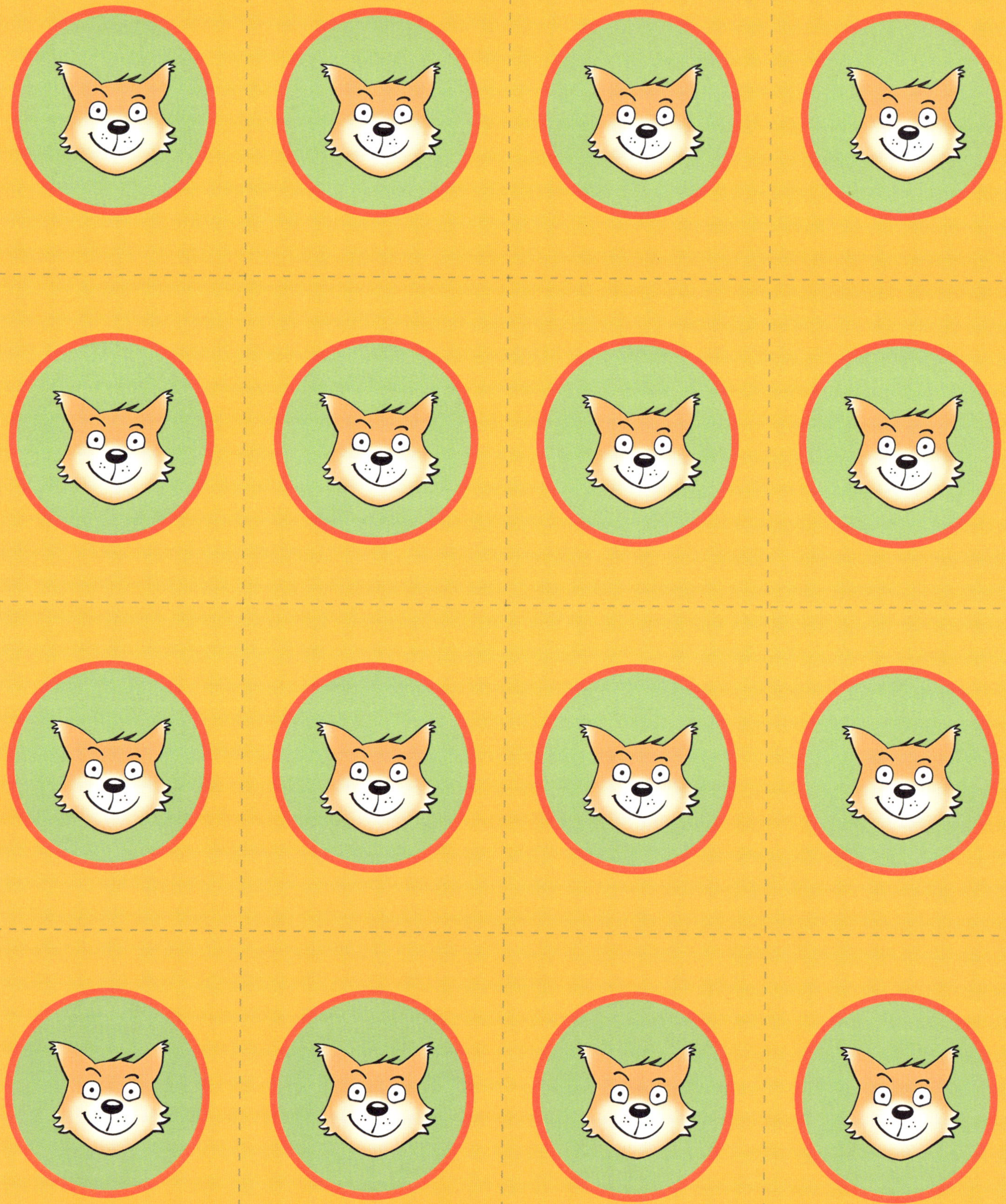

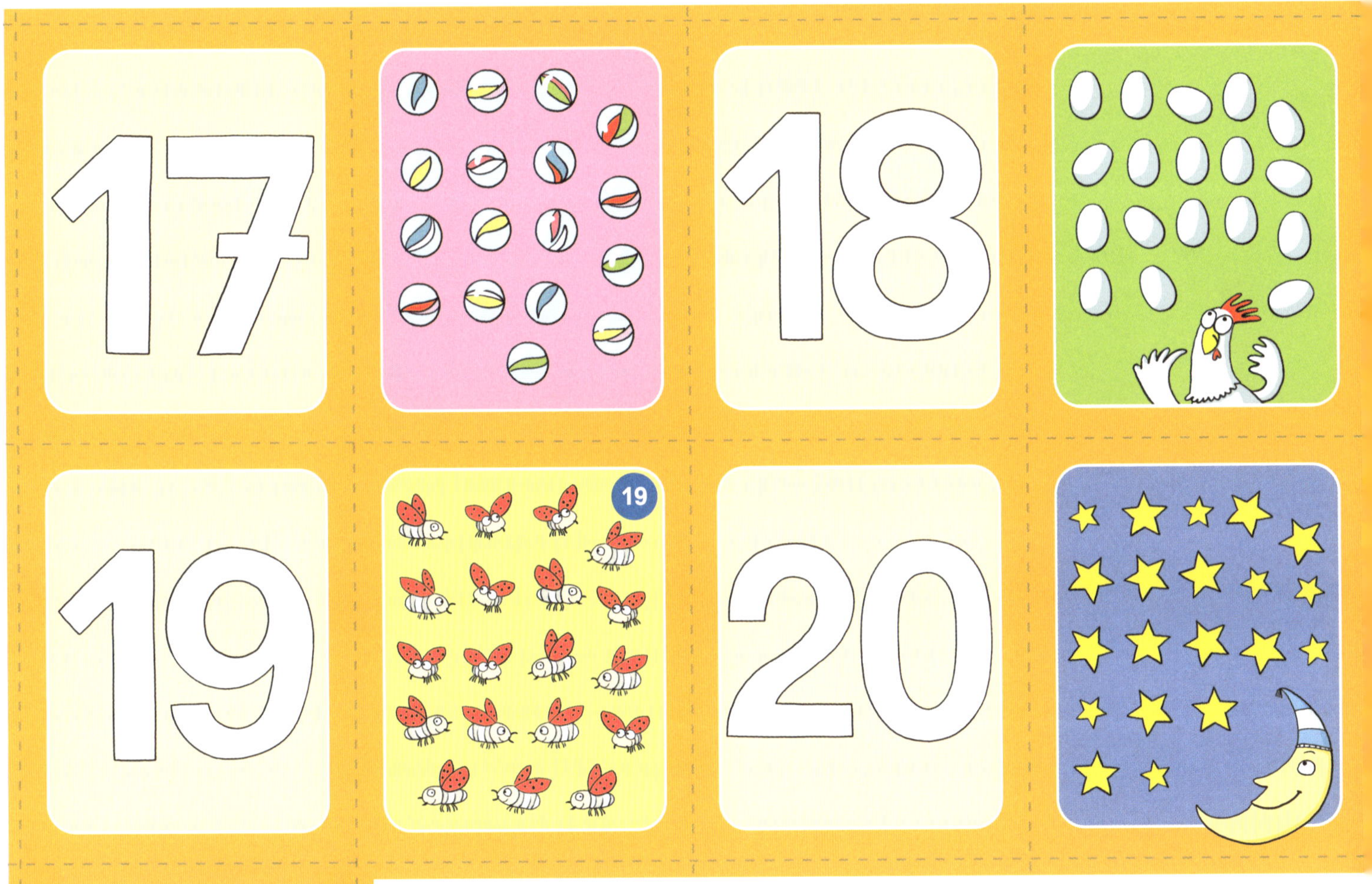
17
18
19
19
20

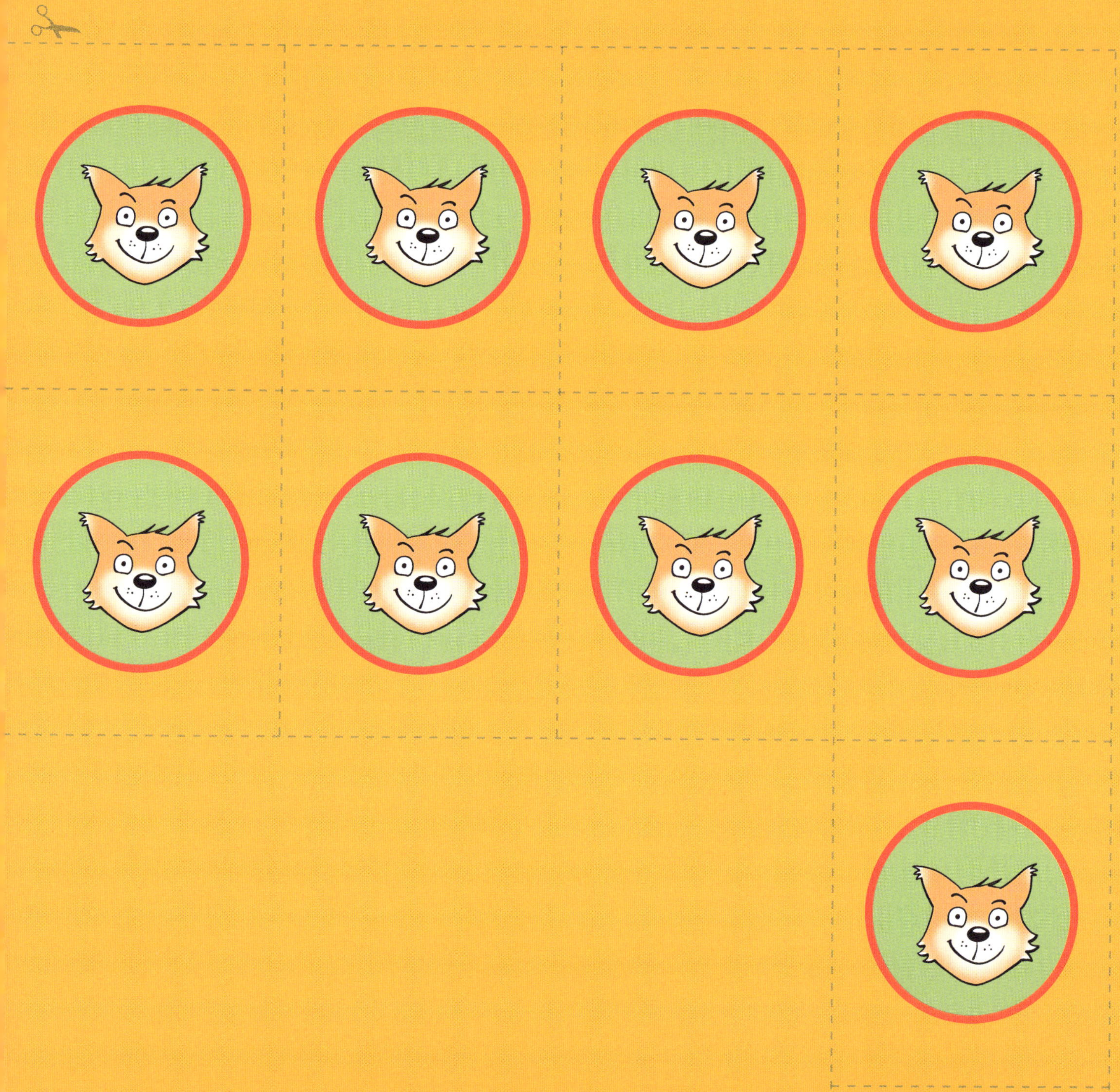

FINDE DEN SCHULWEG

Verbinde die Zahlen in der richtigen Reihenfolge von 1 bis 20.

L Die Lösung findest du auf Seite 48.

Zähle bis 20. Verbinde die Zahlen von 1 bis 20 und du siehst, wer hier unter Wasser sitzt.

Sammle Zahlen. Was kannst du schon alles zählen? Zum Beispiel …

deine Socken: ______

deine T-Shirts: ______

deine Bücher: ______

deine Kuscheltiere: ______

die Fenster in eurer Wohnung: ______

Hast du noch mehr Ideen? Dann zähle weiter.

_______________: __________

_______________: __________

Sei kreativ!

Suche Zahlen in Zeitschriften und Zeitungen, schneide sie aus und klebe sie auf einem Extra-Blatt auf. Lass dir beim Ausschneiden von einem Erwachsenen helfen.

L Die Lösung findest du auf Seite 48.

RICHTIG ANLEGEN 1

Male die Zahlen bunt an. Schneide dann alle Spielkarten auf den Seiten 39, 41 und 43 entlang der gestrichelten Linien aus.

START

1

2

3

4

5

6

7

8

S Die Spielanleitung findest du auf Seite 43.

9

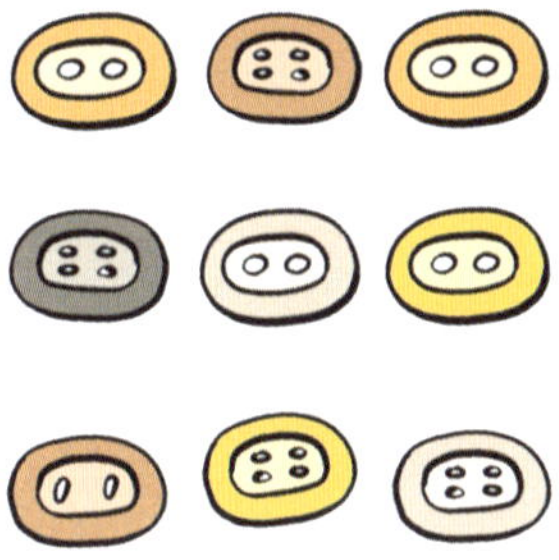

10

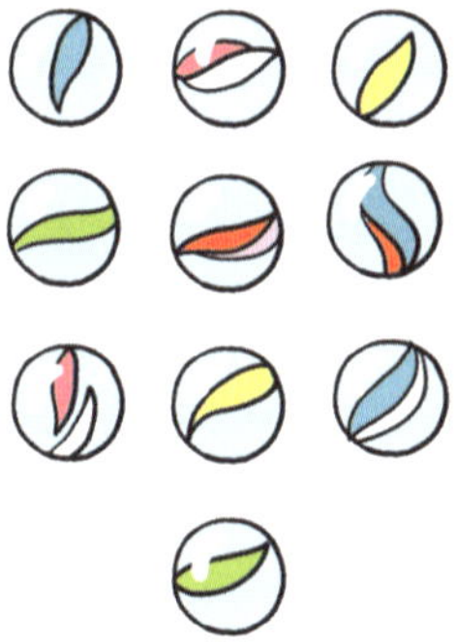

11

12

13

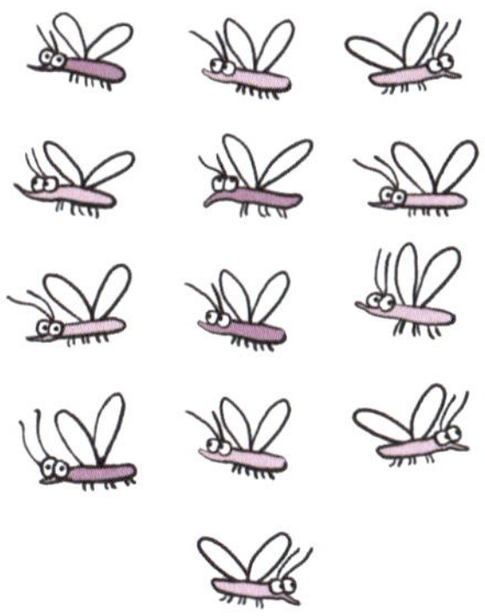

14

15

16

17

18

19

20

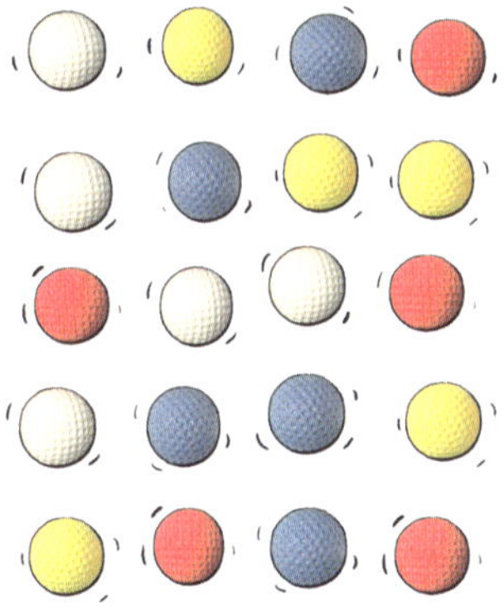

ENDE

Seite 39–43:
RICHTIG ANLEGEN (SPIELANLEITUNG)

Ihr braucht: Spielkarten von Seite 39 bis 44.

Spielablauf: Die Karten werden gemischt und an die Mitspieler gleichmäßig verteilt. Der Spieler mit der START-Karte beginnt und legt diese als erstes aus. Der Spieler mit der Bildkarte zu Zahl 1 legt an, dann folgen nach und nach die anderen Karten. Das Spiel ist vorbei, wenn die letzte Karte ENDE gelegt wurde.

Variante: Die START-Karte liegt auf dem Tisch. Die anderen Karten werden umgedreht. Dann wird immer eine Karte reihum aufgedeckt und, wenn sie passt, angelegt. Wenn sie nicht passt, wird sie wieder umgedreht und abgelegt und der nächste Mitspieler ist dran.

ZUM AUFBEWAHREN

Schneide die Vorlage aus und falte sie nach der Anleitung (siehe Rückseite).
Klebe 3 Ecken des Umschlags mit Klebeband zusammen.
In diesem Umschlag kannst du alle Bild- und Spielkärtchen aufbewahren.
Klebe die Rückseite des Umschlags mit Kleber auf die Seite am Ende des Heftes.
Die obere, vierte Ecke kannst du auch nach innen falten. So geht nichts verloren!

Hier kleben

1.

2.

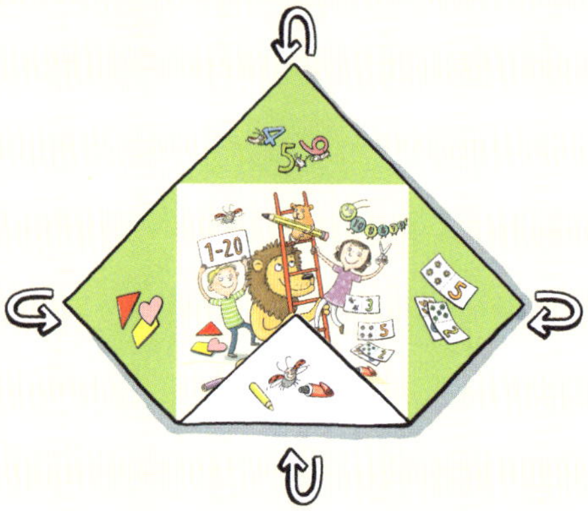

3.

Seite 2:

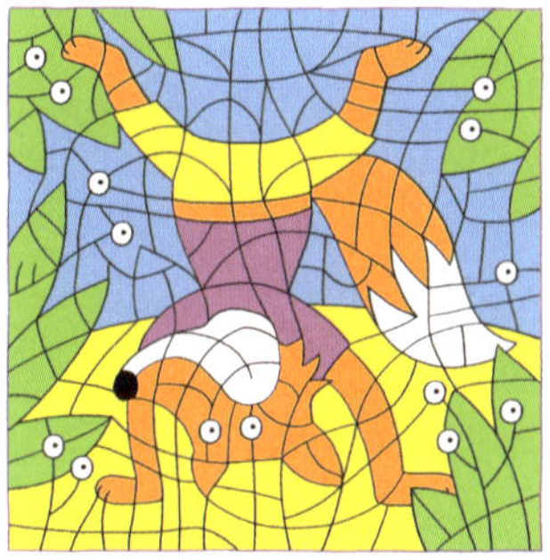

Seite 3:

Seite 4:

Seite 5–8:
VERDECKTE ZAHLEN (SPIELANLEITUNG)

Ihr braucht: die Zahl- und Bildkarten von Seite 1 bis 6.

So gehts: Dreht die Karten um und mischt sie. Das jüngste Kind beginnt. Es deckt eine Karte um. Hat es eine Zahlkarte aufgedeckt, sucht es die passende Bildkarte dazu und umgekehrt. Findet es die passende Karte, darf es diese behalten und noch einmal ziehen. Findet es die passende Karte nicht, dreht es die erste Karte wieder um und das nächste Kind ist dran. Gewonnen hat, wer am Ende die meisten Pärchen gefunden hat.

Seite 7:

Seite 8:

Seite 11:

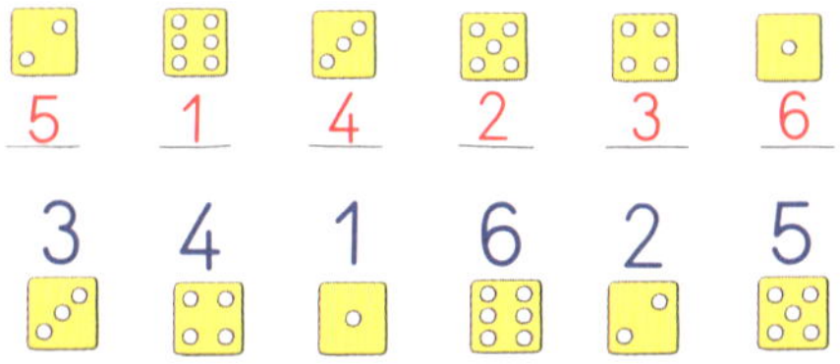

Seite 13:
DER SCHATZ GEHÖRT MIR! (SPIELANLEITUNG)

Ihr braucht: die beiden Würfel von Seite 9 und einen Schatz, z. B. einen schönen Kieselstein, eine Kastanie, ein Bonbon …

So gehts: 2 Zwerge streiten sich um einen Schatz. Welcher Zwerg schafft es zuerst, den Schatz in sein eigenes Häuschen zu würfeln? Er darf den Schatz behalten.
Der Schatz liegt in der Mitte auf der Schatzkiste. Zuerst wird gewürfelt, wer beginnen darf. Die höhere Zahl fängt an. Dieser Spieler würfelt und bewegt den Schatz mit seinen gewürfelten Zahlen in Richtung seines Zuhauses. Das geht nun immer hin und her. Wer es zuerst schafft, den Schatz punktgenau nach Hause zu bringen, gewinnt den Schatz. Am Ende entscheidet das Würfelglück.

Seite 21:
FUCHS, PASS AUF! (SPIELANLEITUNG)
Ein Spiel für 3 bis 5 Mitspieler

Ihr braucht: 4 Spielfiguren (rot, grün, gelb, blau), 4 Wollfäden (30 cm), 1 Würfel, 1 Fuchsfangbecher, je Mitspieler 10 Spielmarken.
Vorbereitung: Zuerst wird ein Faden an jeder Spielfigur befestigt. Der Spielplan liegt in der Tischmitte. Jeder Mitspieler hat 10 Spielmarken. Wer zuerst eine 6 würfelt, ist der erste Fuchs und bekommt Becher und Würfel. Die anderen stellen ihre Figuren in die Mitte und halten die Fäden am Ende fest.
Spielablauf: Würfelt der Fuchs eine 1 oder 6, dann versucht er, mit dem Becher so viele Figuren wie möglich zu fangen. Die anderen müssen ganz schnell ihre Figuren vom Feld ziehen. Wer gefangen wird, gibt dem Fuchs eine Spielmarke ab. Auch wer aus Versehen seine Spielfigur wegzieht, gibt eine Marke an den Fuchs ab. Der Fuchs darf keine Figur berühren, ohne eine 1 oder 6 gewürfelt zu haben, sonst gibt er eine Marke ab. Würfelt der Fuchs eine 2, 3, 4 oder 5, passiert nichts. Nach einer 1 oder 6 wechselt der Fuchs: Der Becher wird im Uhrzeigersinn weitergegeben, der „alte“ Fuchs übernimmt die Spielfigur vom „jungen“ Fuchs.
Spielende: Wenn ein Mitspieler keine Marken mehr hat, ist das Spiel vorbei. Wer dann die meisten Marken hat, hat gewonnen.

Seite 29:

Seite 30:

Seite 31–36:
WER HAT DEN FUCHS? (SPIELANLEITUNG)
Ein Spiel für mindestens 2 Mitspieler

Ihr braucht: Spielkarten von Seite 31 bis 36.
Spielablauf: Die Karten werden gemischt und an die Mitspieler gleichmäßig verteilt. Hat man da schon ein Pärchen (Zahl- und passende Bildkarte) auf der Hand, darf man dieses ablegen. Dann geht es los: Der jüngste Mitspieler beginnt und zieht eine Karte von seinem linken Gegenspieler. Hat er ein Pärchen, legt er dies ab. Sonst geht es reihum nach links weiter. Ziel des Spiels ist es, die eigenen Karten so schnell wie möglich loszuwerden. Am Ende bleibt eine Karte übrig, die Fuchs-Karte. Wer sie hat, hat gewonnen.
TIPP: Es kann zunächst mit weniger Karten gespielt werden, bis die Kinder die Zahlen besser kennen bzw. mehr Karten auf der Hand halten können, z. B. mit den Karten von 1 bis 10 + Fuchskarte.

Seite 37:

Seite 38:
Es ist ein Seestern, der unter Wasser sitzt.